THE STARS

النجوم

星星

सितारें

Ngā Whetū

星

The stars: what are they?

They are chunks of ice reflecting the sun;

they are lights afloat on the waters beyond the transparent dome;

they are nails nailed to the sky;

they are holes in the great curtain between us and the sea of light;

they are holes in the hard shell that protects us from the inferno beyond;

they are the daughters of the sun;

they are the messengers of the gods;

they are shaped like wheels and are condensations of air with flames
roaring through the spaces between the spokes;

they sit in little chairs;

they are strewn across the sky;

they run errands for lovers;

they are composed of atoms that fall through the void and entangle with
one another;

they are the souls of dead babies turned into flowers in the sky;

they are birds whose feathers are on fire;

they impregnate the mothers of great men;

they are the shining concentrations of spirit-breath, made from the
residues left over from the creation of the sun and moon;

they portend war, death, famine, plague, good and bad harvests,
the birth of kings;

they regulate the prices of salt and fish;

they are the seeds of all the creatures on earth;

they are the flock of the moon, scattered across the sky like sheep in a
meadow, and she leads them to pasture;

they are spheres of crystal and their movement creates a music in the sky;

they are fixed and we are moving;

we are fixed and they are moving;

they are the seal-hunters who have lost their way;

they are the footprints of Vishnu, striding across the sky;

they are the lights of the palaces where the spirits live;
they are of different sizes;
they are funeral candles, and to dream of them is to dream of death;
they are, like all matter, made of four kinds of matter:
protons, neutrons, electrons, neutrinos;
they are all the same size but some are closer to us;
they interact through four forces: gravity,
electromagnetism, the strong and weak nuclear forces;
they are the only gods and the sun is the chief among them;
they are the ostrich hunters, out all night, and
at dawn they huddle near the sun to get
warm, which is why you cannot see them;
dew and frost fall from the stars;
winds, warm and cold, come from the stars;
stars fall from heaven into a maiden's lap;
they are the embers of the fire of creation;
they never change;
they are the white tents where the
Star People live;
they are the countless eyes of Varuna, who rides across the sky on
Makara, who is half bird and half crocodile, or half antelope and
half fish;
they are in a state of constant flux;
sacrifices must be made to them to bring rain;
they are the Never Vanishing, in the form of swallows feeding on
the fruit of the Tree of Immortality that grows on the island in
the Lake of the Green Falcon;
they glisten, twinkle, sparkle, flash;
they are delightful;
they are portents of evil;
they are the eyes of Thjasse flung into the sky by Thor;

they are the white ants in the anthill built around the motionless Dhurva,
who meditates for eternity deep in the forest;
they are a kind of celestial cheese churned into light;
they are, they simply are;
the stars are an enormous garden, and if we do not live
long enough to witness their germination, blooming,
foliage, fecundity, fading, withering, and corruption,
there are so many specimens that every stage is
before our view;
we and all the stars we see are just one atom in an infinite ensemble:
a cosmic archipelago;
the sky is like a millstone turning, with the stars like ants
walking on it in the opposite direction;
the sky is like the canopy of a carriage, with the
stars strung like beads across it;
the sky is a solid orb and the stars the perpetual illumination
of the volcanoes upon it;
the sky is solid lapis lazuli, flecked with pyrite,
which are the stars;
each star has a name and a secret name;
the only word we hear from them is their light;
men will never compass in their conceptions the whole of the stars;
under a starry sky on a clear night, the hidden power
of knowing speaks a language with no name;
goodness and love flow down from them;
if we were not located in a galaxy we would see no stars at all;
if gravity were not so weak, the stars would be smaller,
and if the stars were smaller they wouldn't burn for
very long, and if they didn't burn for very long we
wouldn't be here;
they have no chance or random element, no erratic or pointless movement;

evil and misfortune flow down from them;
their existence is improbable;
their infinitude propels us to count them;
their wondrous regularity is beyond belief and proof of the divine
intelligence that resides within them;
the eternal silence of those infinite spaces is frightening;
the more the universe seems comprehensible, the more it also
seems pointless;
all stars move and shine in order to be
most fully what they are — light
gives light because it is its nature;
acquaintance with the stars is essential to an understanding of the poets;
if the stars did not radiate light they would explode;
souls after death inhabit the stars — the blaze of a new
star might therefore indicate that the soul of a great
man, or woman, had reached its destination;
"disaster" connotes "astrally unfortunate";
the only explanation why there are so many stars we cannot see
is that the Lord created them for other creatures, farther out,
to admire at a nearer distance;
we are the center of the material universe but at the perimeter of the
spiritual universe and we are doomed to watch the spectacle of the
celestial dance from afar;
unlike the other animals, man was made to stand erect
so that he could gaze at the stars;
King Arthur is up there, waiting for his return to rule England again;
K'uei is there, the brilliant scholar born with a hideous face;
up there is the Manger, the Mist, the Little Cloud, the Beehive;
look: the Tower of Babel and the Felicity of Tents;
up there are highway robbers, and doves bringing
ambrosia to the gods, and the twin horsemen of the dawn;

up there the daughter of the wind, mourning for her husband lost at sea;
the Strong River is there, and the Palace of the Five
Emperors, the Kennel of the Barking Dogs, the Straw
Road, the Birds' Way, the Snake River of Sparkling Dust;
up there are the nymphs who mourn their brother Hyas, killed by a
wild boar, and whose tears are shooting stars;
there are the Seven Portuguese Towers, the Boiling Sea,
the Place Where One Bows Down;
look: the Ostriches Leaving and the Ostriches Returning and the Two
Ostriches who are friends;
Cassiopeia, Queen of Ethiopia, who thought she was
more beautiful than the Nereids, is there, and her
hapless daughter Andromeda, and Perseus who
rescued her with the head of Medusa swinging from
his belt, and the monster Cetus he slew, and the
winged horse Pegasus he rode;
there is the bull who plows the Furrow of Heaven;
up there is the Hand Stained with Henna, the
Lake of Fullness, the Empty Bridge, the
Egyptian X;

and once there was a girl who married a bear and her father and brothers were so horrified they killed the bear and then she herself turned into a bear and killed her parents and chased her brothers over the mountains and through the streams and cornered them in a tree until the youngest aimed his magic bow high and each brother held on to an arrow and was shot into the sky and turned into a star up there;

up there is the Butcher's Shop, the Easy Chair,
the Broken Platter, the Rotten Melon, the Light
of Heaven;
Hans the Wagoner, who gave Jesus a ride, is there, and the lion who
fell from the moon in the form of a meteor;

up there, once a year, ten thousand magpies form a bridge so that the
Weaving Girl can cross the River of Light to meet the Cowherd Boy;
there are the braids of Queen Berenice,
who sacrificed her hair to assure her husband's safety;
up there is a ship that never reaches safe harbor,
and the Whisperer, the Weeping One,
the Illuminator of the Great City, and look:
the General of the Wind;
the Emperor Mu Wang and his charioteer Tsao Fu, who went in search
of the peaches of the Western Paradise, are there;
the beautiful Callisto, doomed by Juno's jealousy, and the goddess
Marichi who drives her chariot led by wild boars through the sky;
there are the Sea Goat, the Danish Elephant, the Long Blue
Cloud-Eating Shark, and the White-Bone-Snake;
up there is Theodosius turned into a star and the head of John the Baptist
turned into a star and Li Po's breath, a star his poems make brighter;
there are the Two Gates, one through which the souls
descend when they are ready to enter human bodies,
and the other through which they rise at death;
there a puma springs on its prey, and a
Yellow Dragon climbs the Steps of Heaven;
up there is the Literary Woman, the Frigid Maiden, the Moist Daughters,
and the Head of the Woman in Chains;
there is the Thirsty Camel, the Camel Striving to Get to Pasture,
and the Camel Pasturing Freely;
there the Crown of Thorns or the crown that Bacchus
gave Ariadne as a wedding gift;
look: the Horse's Navel, the Lion's Liver, the Balls of the Bear;
there is Rohni, the Red Deer, so beautiful
that the moon, though he had twenty-seven
wives, loved her alone;

up there the Announcer of Invasion on the Border,
the Child of the Waters,
the Pile of Bricks,
the Exaltation of Piled-Up Corpses,
the Excessively Minute,
the Dry Lake, the Sacks of Coals,
the Three Guardians of the Heir Apparent,
the Tower of Wonders, the Overturned Chair;
up there is a cloud of dust kicked up by a buffalo, and the steamy breath of
the elephant that lies in the waters that surround the earth, and the muddy
water churned by a turtle swimming across the sky;
up there is the broken circle that is a chipped
dish, or a boomerang, or the opening of the
cave where the Great Bear sleeps;
up there the two donkeys whose braying made such a racket they
frightened away the giants and were rewarded with a place in the sky;
there is the Star of a Thousand Colors, the Hand of
Justice, the Plain and Even Way;
there is the Double Double;
there the Roadside Inn;
there the State Umbrella;
there the Shepherd's Hut, there the Vulture;
look: the Winnowing Fan;
there the Growing Small;
there the Court of God;
there the Quail's Fire;
there St. Peter's Ship and the Star of the Sea;
there: look: up there: the stars.

النجوم :ما هي؟

إنها كتل ثلجية تعكس الشمس؛

أضواء تطفو على سطح المياه بعيداً عن القبة الشفافة؛

مسامير دقت في السماء؛

ثقوب في الستارة الكبيرة التي تفصلنا عن بحر الضوء؛

ثقوب في القوقعة الصلبة التي تحمينا من الجحيم البعيد؛

إنهن بنات الشمس؛

رسل الآلهة؛ شكلها مثل العجلات و هي هواء مكثف

مع ألسنة لهب تزأر عبر الفضاءات بين البرامق؛

تجلس على كراس صغيرة؛

تتناقل رسائل العشاق؛

إنها مزيج من الذرات التي تتساقط خلال الفراغ وتتعلق ببعضها البعض؛

إنها أرواح أطفال ميتين تحولوا إلى ورود في السماء؛

طيور يحترق ريشها؛

تحبل بها أمهات الرجال العظام؛

إنها الروح-النفس اللامع المصنوع من بقايا خلق الشمس والقمر؛

تنبئ بالحروب والموت والمجاعة والطاعون والحصاد الوفير و

السئ وبميلاد الملوك؛

تنظم أسعار الملح والسمك؛

إنها بذور كل مخلوقات الأرض؛

إنها قطيع القمر المبعثر عبر السماء كخراف

في مرج والقمر يهشها للرعي؛

مدارات من البلور وحركتها تخلق الموسيقى في السماء؛

هي ثابتة ونحن نتحرك؛

نحن ثابتون وهي تتحرك؛

هي صيادوا الفقمات التي ضلت دربها؛

آثار أقدام الإله فشنو وهو يركض عبر السماء؛

أضواء القصور التي تسكنها الأرواح؛

أحجامها مختلفة؛

شموع المآتم ومن يحلم بها يحلم بالموت؛

إنها، ككل مادة، من ربع :بروتونات ونيوترونات

وإلكترونات ونيوترينوات؛

كلها بذات الحجم لكن بعضها أقرب إلينا؛

تتفاعل من خلال أربع قوى :الجاذبية

الالكترومغناطيسية والقوة النووية الضعيفة والقوية؛

إنها الآلهة الوحيدة والشمس أكبرها؛
إنها صيادوا النعام، يخرجون ليلاً، يتقرفصون قرب الشمس فجراً بحثاً عن الدفء؛
لذلك لا تراها؛
الندى والصقيع يسقطان من النجوم؛
الرياح، دافئة وباردة،تأتي من النجوم؛
النجوم تتساقط من السماء في حضن جميلة؛
إنها جمار نار الخلق؛
لا تتغير أبداً؛
إنها الخيام البيض التي يسكن فيها أهل النجوم؛
إنها عيون فارونا التي لا تحصى وهو يمخر عباب السماء فوق ماكارا -نصفه طير ونصفه تمساح، نصف غزال ونصف سمكة؛
إنها دائمة التدفق؛
لا بد من تقديم الأضاحي لها كي يسقط المطر؛
إنها النجوم دائمة اللألأة كسنونوات تنقر شجرة الخلود التي تنمو في جزيرة بحيرة الصقر الأخضر؛
تشع، تلمع، تتلألأ، تومض؛
إنها رائعة؛
إنها فأل سيئ؛
عيون ثياسي التي بعثرها الإله ثور عبر السماء؛
النمل الأبيض في التل الذي بني حول ذرفا الساكن الذي يتأمل أبداً في أعماق الغابة؛
إنها جبن سماوي يتمخض عن ضوء؛
إنها، بكل بساطة، هي؛
النجوم حديقة شاسعة وإذا لم نعش ما يكفي كي نشهد نبتها وتبرعمها وتساقطها وخصوبتها وأفولها وذبولها وفسادها، هناك نماذج لا حصر لها وكل مرحلة أمام أبصارنا؛
نحن وكل النجوم التي نراها لسنا إلا ذرة واحدة في مجموعة لانهاية لها :أرخبيل كوني؛
السماء مثل طاحونة تدور والنجوم نمل يمشي عليها بالإتجاه المعاكس؛
السماء قبة عربة والنجوم منظومة كخرز عليها؛
السماء مدار صلد والنجوم هي الإضاءة الأبدية للبراكين المفتوحة عليها؛
السماء لازورد صلد مرقط ببقع البيريت التي هي النجوم؛

لكل نجمة اسم وآخر سري؛
الكلمة الوحيدة التي نسمعها من النجوم هي ضؤها؛
لن يعرف الإنسان أبداً معنى النجوم كاملاً؛
فقوة المعرفة الخفية تتحدث، في ليلة صافية
تحت النجوم، تتحدث لغة بلا اسم؛
يهطل الخير والحب منها في الليل؛
لو لم نكن في مجرة لما رأينا أية نجمة؛
لو لم تكن الجاذبية ضعيفة لكانت النجوم أصغر،
ولو كانت النجوم أصغر، لما احترقت كل هذا
الزمن، ولو لم تحترق كل هذا الزمن لما كنا هنا؛
ليس في تكوينها مكان للحظ أو لعنصر عشوائي ولا حركة فيها
خاطئة أو بلا معنى؛
الشر وسوء الطالع يهطلان منها ووجودها غير محتمل؛
إلى ما لا نهائيتها يدفع البشر لكي يحصوها؛
تنظيمها العجيب لا يصدق وهو دليل على الذكاء الإلهي الذي يكمن فيها؛
الصمت الأزلي لتلك الفضاءات المنتهية مخيف؛
كلما بدا الكون قابلاً للفهم، كلما بدا عبثياً؛
كل النجوم تتحرك وتضيئ كي تكون نفسها بشكل كامل -الضوء يضيئ
لأن تلك طبيعته؛
لا بد من التعرف على النجوم لفهم الشعراء؛
لو لم تشع النجوم لانفجرت؛
الأرواح تسكن النجوم بعد الموت -لذا فقد يكون بريق
نجم جديد إشارة إلى أن روح رجل عظيم أو امرأة عظيمة
قد حطت رحالها؛"
كارثة "تعني سوء طالع؛
التفسير الوحيد لوجود هذا العدد الهائل من النجوم التي لا يمكن أن نراها هو
أن الله خلقها لكائنات أخرى، بعيدة، كي تعجب بها عن كثب؛
نحن في قلب الكون المادي لكننا على أطراف الكون الروحي وكتب علينا أن
نراقب مشهد الرقصة السماوية من بعيد؛
بخلاف بقية الحيوانات، وقف الإنسان كي ينظر إلى النجوم؛
الملك آرثر هناك في الأعالي، ينتظر العودة إلى إنكلترا كي يحكمها من جديد؛
كيئوي، العالم العبقري الذي ولد بوجه قبيح، هناك؛
هناك المذود والضباب والغيمة
الصغيرة وخلية النحل؛
انظر :برج بابل وسعد الأخبية؛

هناك قطاع طرق وحمام يحضرون للآلهة طعامها وهناك فارسا الفجر؛
ابنة الريح هناك، تبكي على زوجها الذي ضاع في البحر؛
النهر القوي وقصر الأباطرة الخمسة ووجار الكلاب النابحة ودرب
القش وطريق الطيور و نهر الأفاعي والغبار اللامع؛
هناك الحوريات اللواتي يبكين على أخيهن هياس الذي
قتله خنزير بري والذي أصبحت دموعه شهباً؛
هناك الأبراج البرتغالية الخمسة والكلاس وقصر السجود؛
أنظر :النعام الراحل والنعام العائد والنعامتان الصديقتان؛
كاسيوبيا، ملكة أثيوبيا، التي ظنت بأنها أجمل من حوريات إله البحر
نيروس وابنتها المسكينة أندروميرا وبيرسيوس الذي أنقذها برأس
ميدوزا الذي يتدلى من حزامه، والوحش الذي ذبحه ,سيتوس،
وبيغاسوس، الحصان الطائر الذي ركبه؛
هناك الثور الذي يحرث تجاعيد الجنة :هناك الكف الخضب وبحيرة
الخصب والجسر الخالي والنجم المصري؛
وكان هناك ذات يوم فتاة تزوجت من دب وغضب والدها وإخوتها
فقتلوا الدب فتحولت هي إلى دب وقتلت والديها وطاردت إخوتها
عبر الجبال والأنهار حتى حاصرتهم في شجرة، ثم صوب الأخ الأصغر
قوسه السحري نحو الأعالي وأمسك كل من الإخوة بسهم وانطلق نحو
السماء وأصبح نجماً هناك؛
هناك في الأعالي؛
هناك دكان القصاب والكرسي المريح والصحن المكسور والبطيخة
الفاسدة ونور الجنة وهانز بعربته التي أقلت يسوع و الأسد الذي
سقط من القمر كنيزك؛
هناك، مرة في السنة،يشكل عشرة آلاف عقعق جسراً كي تعبر عليه الحائكة
نهر الضوء لتلتقي بالراعي الصغير؛
هناك جدائل الأميرة بيرينيس التي ضحت بشعرها كي تضمن سلامة
زوجها؛ هناك سفينة لا تصل أبداً بر الأمان والهامس والباكي ومضئ
المدينة الكبيرة و، أنظر هناك، جنرال الريح؛
الامبراطور مو وانغ وقائد عربته تساو فو، الذي خرج يبحث عن
الخوخ غربي الجنة؛
كاليستو الجميل الذي هلك بسبب غيرة جونو والإلهة ماريجي التي تقود
عربتها الخنازير البرية عبر السماء؛
هناك ماعز البحر والفيل الدانماركي والقرش الأزرق الطويل الذي يأكل
الغيوم وأفعى العظم البيضاء؛
هناك ثيوديسيوس وقد تحول إلى نجمة ورأس يوحنا المعمدان

كذلك، هناك نفس لي بو ,نجم تجعله قصائده أكثر بريقاً؛
هناك بابان كبيران، واحد تنزل منه الأرواح إلى أجساد
البشر والآخر ترتفع منه ساعة الموت؛
هناك يقفز نمر على فريسته ويتسلق تنين أصفر سلم الجنة؛
هناك الأديبة والفتاة الباردة والبنات المبللات ورأس المرأة المكبلة؛
هناك النهال؛
هناك تاج الشوك والتاج الذي أهداه باخوس إلى آريادن؛
أنظر :سرة الفرس، كبد الأسد و خصيتي الدب؛
هناك روهني، الغزالة الحمراء التي، لجمالها، كانت الوحيدة التي أحبها القمر
من بين زوجاته السبع والعشرين؛
هناك معلن الغزو على الحدود وابن المياه وكومة الحجر وفرح الجثث
المتراكمة والصغير جداً والسبخة وأكياس الفحم وحماة
ولي العهد وبرج العجائب والكرسي المقلوب؛
هناك غيمة غبار ركلها جاموس وزفير البخري الذي يطلقه فيل
يرقد في المياه المحيطة بالعالم والماء الطيني الذي ترشه
سلحفاة تسبح عبر السماء؛
هناك دائرة مكسورة لأنها صحن مفطور أو بومیرانغ أو فتحة كهف
ينام فيه الدب الأكبر؛
هناك الحماران اللذان أحدث نهيقهما ضوضاء أخافت
العمالقة فوهبا محلا في السماء؛
هناك المزدوج؛ هناك الرودسايد إن؛
هناك نجمة الألف ضوء ويد العدل و الطريق المستوي؛هناك مظلة الولاية؛
هناك كوخ الراعي النسر؛
أنظر :المذراة؛
المستصغر؛
محكمة الله :هناك نار السمان :هناك سفينة
القديس بطرس ونجمة البحر؛
هناك :أنظر :هناك في الأعالي :النجوم.

星星：是什么？

它们是反射太阳的巨大冰块，是透明穹顶后水上漂浮的光线；

是钉住天空的钉子；

是我们与光海之间巨幕上的洞；

是地狱外保护我们的硬壳上的洞；

它们是太阳的女儿；

是神的使者；

它们形似轮子，是带火咆哮于辐条间空气的浓缩；

它们坐小椅子；

洒遍天空；

它们为情人们跑腿；

它们由化为泡影互相纠缠的原子构成；它们是

化作空中之花那死婴的灵魂；

是羽毛燃烧的鸟；

它们让伟人的母亲怀孕；

它们是精神呼吸闪光的浓缩，

由创造日月剩下的残渣做成；

它们预示战争、死亡、饥荒、瘟疫、收成好坏、国王诞生；

它们控制盐与鱼的价格；

它们是大地万物的种子；

是月亮的羊群，如草地放牧散布于空中，由她领向牧场；

它们是水晶球，其运行创造空中音乐；

它们固定我们移动；

我们固定它们移动；

它们是迷路的猎海豹的人；

它们是守护神维施努（Vishnu）跨越天空的脚印；

它们是灵魂居住的宫殿之光；

它们大小不同；

是葬礼蜡烛，梦见它们就梦见死亡；

它们如万物由四种东西组成：

质子，中子，电子，微中子；

它们大小相同，而有的离我们更近；

它们通过四种力量互相影响：

引力，电磁，强与弱的核力；

它们是唯一的神，太阳是其首领；

它们是整夜猎鸵鸟的人，黎明时分挤在日边取暖，所以你看不见它们；

霜露从星星落下；

冷风暖风来自星星；

星星从天落在少女膝上；

它们是创造之火的余烬；

它们从未改变；

它们是**星际人**居住的白色帐篷，是宇宙大王**发罗那** (Varuna) 数不清的眼睛，他骑半鸟

半鳄，或半羚半鱼的**玛卡拉** (Makara) 穿过天空；

它们在一个流量不变的国度；

必供奉祭品才有雨水；

它们是**永存**，靠吞食**绿鹰湖**岛上**长生树**的果子；

闪光，闪耀，闪亮，闪现，

它们令人愉悦；

是魔鬼的预兆；

它们是被雷神**托尔**(Thor)掷向天空的**泽佳西**(Thjasse)的眼睛；

它们是在森林深处打坐入定的**德哈瓦**(Dhurva)周围蚁丘中的白蚁；

它们是搅入光芒的天上干酪；

它们，仅仅如此；

星星是个巨大的花园， 我们活不到见证萌芽开花结果枯败，

如此花样繁多变化无穷；

我们和我们所看见的星星只是无限整体中的一个原子：

宇宙群岛；

天空如磨盘转动，蚂蚁般的星星反方向运行；

天空如马车华盖，用星星珠子串成；

天空是坚硬球体，而星星是其火山永久的照明；

天空是带黄铁矿斑点星星的坚硬的天青石；

每颗星星有个名字和一个秘密的名字；

我们听到的唯一的词是它们的光；

人们根本无法真正理解整个星系；

在晴朗之夜的星空下，对隐形权力的认知说着无名语言；

女神和爱情降落；

如果我们不在银河中定位就根本看不见星星；

若引力太弱星星就太小，若太小就燃烧不了多久，

若燃烧不了多久我们就不在这里；

它们没有偶然性或随机元素，没有飘忽不定的运行；

邪恶与灾祸从天而降；

它们的存在是不可能的；

其无限让我们去数它们；

它们奇妙的规律难以置信，是居于其中的神的智慧的证明；

那无限空间的永恒沉默是可怖的；

宇宙越大似乎易于理解，越大也似乎毫无意义；

所有星星移动闪耀为了充分展现—借光是其天性；

懂得星星才会从根本上理解诗人；

如果星星不放光就会爆炸；

死后灵魂居住在星星中—一颗新星之辉可能预示一

个伟人的灵魂抵达目的地；

“灾难”意味着“星形的不幸”；

为什么有很多星星我们看不见，

唯一解释是上帝为更远的物类近距离赞美而创造的；

我们是物界的中心，却在灵界的周边，

我们注定从远方遥望天上舞蹈的奇观；

与其它动物不同，人天生站立可直视星星；

亚瑟王 (King Arthur) 在上，等着返回重新统治英格兰；

魁星 (K'uei) 在那儿，相貌丑陋的天才学者；

上有**马槽星团** (Manger)、**迷雾星团** (Mist)、

小云星团 (Little Cloud) 和**蜂巢星团** (Beehive)；

看：**巴别尔塔和帐篷中的费利西蒂** (Felicity)；

上有公路强盗和鸽子，把美味佳肴带给众神和黎明的孪生骑手；

上有风的女儿，为海上失去的丈夫哀悼；

壮河在那儿，　还有**五王宫**、**吠犬窝**、**稻草路**、**鸟道**、**闪尘蛇河**；

上有**宁芙** (Nymph) 哀悼被野猪杀死的兄弟**海阿斯** (Hyas)，　泪洒流星；

有**七葡萄牙人塔**、**沸海**、**鞠躬殿**；

看：鸵鸟离鸵鸟归两只鸵鸟是好朋友；

那有**仙后座** (Cassiopeia)，自以为比**涅瑞伊得斯** (Nereids)

更美的埃塞而比亚女王，和她不幸的女儿**仙女座** (Andromeda)，

珀尔修斯 (Perseus，英仙座) 用缠在他腰间的女妖**麦杜萨** (Medusa)

的头颅拯救了她，他杀死了妖怪**鲸鱼座** (Cetus)，

还有他骑过的**天马星座** (Pegasus)；

那有公牛翻耕**天沟**；

有**指甲花染手**、**满湖**、**空桥**，**埃及文X**；

有个姑娘与熊结婚，她的父兄惊恐中杀死了熊，而她自己变成熊，

杀死父母，兄弟们被追得翻山过河爬上一棵树，

小弟用魔弓把一个个抓住箭的兄弟射向天空变成星星；

那有**肉铺**、**安乐椅**、**破盘**、**烂瓜**，**天光**；

汉斯，**御夫座** (Wagoner) 让基督搭乘，在那儿，**狮子**从月亮掉进流星中；

天上，每年一次，千鹊架桥**织女**过银河见**牛郎**；

那有**伯瑞尼丝** (Berenice) 女王的辫子，她奉献头发确保丈夫的安全；

那有一只永远抵达不了安全港的船，**大城**的**低语者**、**哭者**和**发光者**，

看：**风将军**；

穆王和驾战车的**造父**寻找西天的桃子；

美丽的**木卫四** (Callisto)，注定被**朱诺** (Juno，婚神星) 妒忌，

而**玛瑞琪** (Marichi) 女王驾野猪战车穿过天空；

那有**海山羊**、**丹麦象**、**食蓝长云鲨和白骨精**；

上有**塞多西乌斯** (Theodosius) 变成星星，**施洗者约翰**的头颅变成星星，还有

李白的呼吸，他诗中一颗星变得更明亮；

那有**双重门**，过一重门灵魂下降准备附体，过另一重门上黄泉；

那里一只美洲狮扑向猎物，一条**黄龙**爬上**天梯**；

上有**文学妇女**，**冷少女**，**湿女儿**，**囚禁女人头**；

那有挣扎着到达牧场而自由放牧的**渴骆驼**；

那有**荆冠**，或酒神**巴可斯** (Bacchus) 给**阿里阿德涅** (Ariadne)

订婚礼物的**王冠**；看：**马脐**，**狮肝**，**熊卵**；

那有如此美丽的**红鹿罗尼** (Rohni)，月亮尽管有二十七个妻子，

却唯独爱她；

上有**烽火台**、**水孩子**、**砖跺**、**尸体堆**、**精确时间**、**枯湖**、**煤袋**、

三继承監护人、**奇塔**，**翻椅**；

上有水牛踢出的尘云，在环绕陆地的水中大象那热气腾腾的呼吸，水被一只

游过天空的乌龟搅浑；

上有破碎圆周是残缺的盘子，或飞去来器，

或**巨熊**睡觉那敞开的洞穴；

上有两头驴，高入云霄的嘶叫，吓走巨人得到空间；

上有**千色星**，**正义手**，**平原和坦途**；上有**双双**；

有**客栈**；

有**国伞**；

有**牧羊人小棚有秃鹰**；

看：**扬谷风扇**；

有**小到大**；

有**上帝法庭**；

有**鹌鹑火**；

有**圣彼得之舟和海之星**；

那儿：看：上有：星星。

सितारें, ये हैं क्या ?

ये हैं जैसे बर्फ के टुकड़े, जिनमें से झॉकती है सूरज की किरणें;

जैसे पानी पर खेलती किरणें, जिन्हे पारदर्शी गुम्बज निहारता है;

जैसे आसमॉ में गड़ी हुई कीलें;

ये हैं वो सुराखें उस पर्दे में, जो पड़ी है हमारे और ईश्वर के बीच;

ये हैं वो सुराखें उनके कवच में, जो बचाता है हमें प्रलय से;

ये हैं सूरज की बेटीयॉ;

ये हैं ईश्वर के दूत;

ये हैं जैसे देवो के रथ के पहिये, ज्निमें से निकलती हो ज्वाला;

जैसे बैठे हैं पीढों पर;

और बिखरे हैं आसमॉ में;

ये दास हैं प्रेमीयों के;

और बने हैं अणु से, जो शुन्य से छन कर उलझते हैं एक दूसरे में;

ये हैं मृत बच्चों की अत्मायें, जो फूल बन कर आकाश में सजते हैं;

ये हैं वो पंछी जिनके पॅखों में है आग समाया;

ये हैं वो शक्ति जो माताओं के गर्भ में महानता के बीज बोतें हैं;

सूरज और चॉद तो निपट गये, और जो बचा ईश्वर के चाक पे, उससे बने ये सितारे;

युद्ध, मृत्यु, आकाल, महामारी, खराब या अच्छी फसल, महापरुषों का जन्म, इन सबों की सुचना देते हैं ये सितारे;

नमक और मीन – ईनके दामों पर भी हैं सितारों का असर;

सभी जिवों के हैं ये बीज;

ये हैं चॉद-चरवाहे के झुण्ड़, जो बिखरे हैं मैदान में, और चॉदनी उन्हें हॉकती है चारागाह की ओर;

ये हैं शीशों के गोले, जिनके चलने से तरॅगें गूजॅती हैं आकाश में;

ये बन्धें हैं, और हम स्वतन्त्र;

हम बन्धें हैं, और वे स्वतन्त्र;

ये हैं सील के शिकारी जो रास्ता भटक गये हैं;

ये हैं बामन अवतार के डग, जिसमे है समाया सारा आकाश;

ये हैं आत्माओं के महल की बत्तीयॉ;

सितारों के हैं अनगिनत परिमाण;

ये हैं अंत्येषिट के दीये, जो स्वपन में आते हैं मृत्यु की सूचना लिये;

हर पदार्थ कि तरह, सितारे भी बने हैं अणु और परमाणु से;

ये सारे हैं एक माप के, मगर कुछ हैं हमसे करीब;

ये इन शक्तियों से प्रभावित हैं – गुरुत्वाकर्षण, विद्युत चुम्बक, और परमाणुओ की रस्साकशी;

यही अकेले हैं देवता और सूरज ईनका राजा;

ये हैं शुर्तुमुर्ग के शिकारी, जो सारी रात बाहर बिताते हैं, और उषा कि लाली छाते ही, सूरज के पास सिमट जाते हैं, ईसलिए तुम ईन्हें नही देख पाते हो;

ओस और पाला गिरते हैं सितारों से;

हवाये, सर्द और गर्म आती हैं सितारों से;

सितारे गिरते हैं गगन से रमणी के गोद में;

ये अगॉरे हैं उस भट्टी के, जिसमें प्रकृति प्रकार लेती है;

ये अटल हैं;

ये श्वेत शिविर हैं जिसमें सितारों के लोग बसते हैं;

ये अनगिनत ऑखें हैं वरुण की जो गगन में सवारी करता है मक्र पर, जो आधी चिडिया और आधा घडीयाल है, और कभी आधा हिरण और आधी मछली हैं;

निरंतर परिवर्तन ही इनका स्वभाव है;

वर्षा के लिए सितारों को उत्सर्ग चाहिए;

ये वो अमर हैं, जो अबाबील बन कर उस कल्प वृक्ष के फलों को चुगते हैं, जो हरे बाज के तालाब वाले टापू पर उगता है;

ये चमकते, दमकते कौंधते, झिलमिलाते हैं;

ये खुश कर जाते हैं;

ये होने वाले अनहित के सूचक हैं;

ये ऑखें हैं थासे की जिन्हें थोर ने गगन की ओर फेंका था;

ये जंगल में तपस्या करते अचल ध्रुव पर बने दीमक के घर हैं;

ये स्वॅागिक मक्खन के मॅथन से निकले हुए प्रकाश हैं;

ये हैं ये बस हैं;

ये सितारे एक उपवन हैं, और अगर हम जीवित ना भी रहें ईन्हे उगते, खिलते, मुर्झाते और दूषित होते देखने के लिये, फिर भी हम हर एक

चरण की झलक पा जाते हैं;

हम और ये सितारे एक ही अणु हैं इस शुन्य में: ब्रहामॉड में द्वीपों का समुह;

गगन हो जैसे घुम रहा, एक चक्की कि तरह, और सितारें हो जैसे उस पर चीटीयॉ जो चली जा रही हो विपरीत दिशा में;

गगन हो जैसे किसी रथ की छतरी, और सितारें हैं उसमें, जैसे मनका पीरोए हुये;

आकाश है एक ठोस वृत्त और तारे जैसे उनमे ज्वालामुखी के सदाबहार प्रकाश;

आकाश है जैसे ठोस लजावर्त और सितारे उनमे जडे खनिज;

हर सितारे के दो नाम हैं, एक ज्ञात और दूसरा अज्ञात;

प्रकाश ही उनके शब्द हैं;

सितारों का पूर्ण सत्य मानव के कल्पना के परे है;

एक रात सितारों से टिमटिमाती आकाश के नीचे, सुनिश्चय की अज्ञात शक्ति से फूट पडती है एक अनाम भाषा;

उत्मता और प्रेम का संचरण करते हैं सितारे;

यदी हम ब्रहामॉड में ना होते, तो ना दिखते हमें ये सितारे;

अगर गुरुत्वाकर्षण होती ना इत्नी कमजोर, सितारे बहुत छोटे होते, और यदी वो छोटे होते तो देर तक ज्वलनशील ना होते, फिर हम भी ना होते;

इनमें ना होता है संयोग, ना ही कोई अनिशचित गतीविधी, सिर्फ पूर्व नियोजन;

पाप और विपत्ति का सक्रॅमण करते हैं ये सितारे;

सितारों का अस्तिव असंभावित है;

चुकि ये अनगिनत हैं, हम इन्हे गिनने को बाध्य हैं;

सितारों की आश्चर्यजनक सुव्यवस्था ईश्वरीय अस्तित्व का प्रमाण हैं;

इनका अनंत मौन हमें भयभीत करता हैं;

इस बहामॉड का रहस्य जितना ही हमारे लिए खुलता जाता है, उतना ही हम इसे व्यर्थ पाते हैं;

अपना अस्तित्व बनाये रखने के लिये सितारे घुमते और चमकते हैं – ज्योति प्रकाश देती है, क्योकी ये उसकी नियती है;

सितारों से पहचान हर कवि की कल्पना के लिये अनिर्वाय है;

सितारो का चमकना उन्हे फूट कर बिखरने से रोकता है;

मृत्यु के बाद आत्मायें सितारों में बसते हैं – एक दमकता हुआ नया

सितारा इस बात का सूचक है कि एक महान आत्मा अपनी सुनिश्चित स्थान पर पहुँच चुका है;

जब सितारें हो गर्दिश में, तब सकँट घेरे रहता है;

वो अनगिनत सितारे जिन्हे हम देख नही पाते हैं, ईश्वर ने रचा है उन जीवों के लिये जो बहुत दूर है और उन्हे पास से निहारना चाहते हैं;

हम माया के बीच और आध्यात्म की परिधी पर जीते हैं, और हमारा ये अभाग्य है कि हम दूर से ही सितारों का नृत्य देख सकते हैं;

अन्य पशुओं से भिन्न, मनुष्य अपने दो पैरो पर इसलिये खडा हो सकता है ताकि वो तारों को निहार सके;

सम्राट आर्थर वहाँ इन्तजार कर रहे हैं, लौट कर ईग्लैण्ड पर दोबारा राज करने के लिये;

कूई भी है वहाँ, वो कुरुप मगर तेजस्वी विद्धान;

द्विय नाद, धुँध, छोटा बादल, और मधुमक्खी का छत्ता, सब हैं उपर वहाँ;

देखो: बेबल का मीनार और शिविरो का विस्तार;

उपर हैं लुटेरे, और कुछ शाँती के दूत कबूतर, जो देवताओं को अमृत का पान कराते हैं;

और सुबह के जुड़वा घुडसवार;

सितारों में बसती है पुत्री पवन की, जो सागर में खोये पति के याद में शोकग्रस्त है;

वो सर्वशिक्तिमान नदी और पाँच सम्राटों का महल, भौंकते कुत्तों का घर, पुआल का पथ, पँछीयों की दिशा, और चमकते धूल की सरीसृप नदी है वहाँ;

वहाँ है वो अप्साराये जो अपने भाई हयास के जँगली सुअरों से मारे जाने पर रोती हैं, और उनके आँसू ही टूटते तारें हैं;

वहाँ है सात पुर्त्तगाली मीनारे, उबलता सागर, वो जगह जहाँ हम नत्मस्तक होते हैं;

देखो: शुतुरर्मुग जाती और लौटती हुई, और दो शुतुरर्मुग जो दोस्त हैं;

कैसोपिया, ईथोपिया की महारानी जो स्वँय को सागर की अप्साराओं से भी खूबसूरत समझती थी और उसकी अभागी पुत्री एनड्रोमीडा, और उसका रक्षक परसीयस जिसके कमरबन्द से मेडुसा का सरीसृप सर झूलता है, और दानव सीटस जिसका उसने अन्त किया था, और उसका पँखों वाला घोडा पेगासस, ये सारे हैं वहाँ;

वहाँ है वो बैल जो स्वर्ग की मिट्टी जोतता है;

वहाँ है वो मेहन्दी रची हाथे, वो उदारता का तालाब, वो सुनसान

सेतु, और मिस्र की सूली;

एक बार की बात है, एक लडकी थी जिसने एक रीछ से शादी की, उसके परिवार ने भयभीत हो कर उस रीछ को मार डाला, जिसके परिणाम स्वरुप उस लडकी ने रीछ का भेष धारा और अपने माता पिता को मार डाला, और अपने भईयों को पहाड और नदीयों के बीच से खदेडते हुये एक पेड के नीचे घेर लिया, तभी उसके छोटे भाई ने मायावी धनुष आसमान की ओर साधा और हर एक भाई एक–एक तीर को पकडे आकाश चले गये, और सितारें बन गये;

वहॉ उपर;

वहॉ उपर है वो भूचरखाना, आराम कुर्सी, टूटी हुई तश्तरी, सडा हुआ खरबूज और स्वर्ग की रोशनी;

ईशु का साधी हॅस भी है वहॉ, और वो शेर जो उल्का बन कर चॉद से गिरा था;

वहॉ, वर्ष में एक बार, दस हजार शोर मचाती चिड़ियॉ एक सेतु बनाती हैं, ताकी एक बुनकर की बेटी रोशनी की नदी पार कर अपने प्रेमी गरेड़ीये से मिल सके;

वहॉ है रानी बेरेनीस कि वो कटी हुई चोटीयॉ, जो उसने भेंट चढ़ाई थी अपने पति के सुरक्षा के लिये;

वहॉ है वो जहाज़ जो कभी भी सुरक्षित बन्दरगाह पर नही पहुँचता;

और वो जो र्सिफ फुसफुसाता है, और वो जो रोता ही रहता है, और वो जो महानगर को रोशन करता है;

और देखो: वो चला पवन का सेनापती;

चीनी सम्राट मूवॉग और उनका सारथी साओ फू, जो पश्चिमी स्वर्ग के आडूओं के खोज में निकले थे, वे भी हैं वहॉ;

खूबसूरत कैलिसटो जिसका सर्वनाश हुआ जूनो के ईर्ष्या के कारण, और देवी मरीची जो अपनी जगॅली सुअॅरों वाली रथ हॉकती है आसमान में;

वहॉ है वो समुद्री बकरी, वो डेनर्माक का हाथी, वो नीले बादल खाने वाली लम्बी शाक, और सफेद हड्डीयों वाला सॉप;

वहॉ है सितारों में परिवर्त्तित थीयोडोसीयस, जौन द बापटिस्ट का मस्तक और ली पो का श्वास, एक सितारा जिसे उसकी ही रचनाऐं और तेजस्वी बनाती हैं;

वहॉ है वो दो द्वार, एक जिससे आत्मायें उतर कर मनुष्य शरीर को धारती हैं, और दूसरा

जिसे पार कर वे मृत्यु से मिलती हैं;

वहाँ है वो तेन्दुआ जो अपने शिकार पर झपटता है, और एक पीला ड्रेगन जो स्वर्ग की सीढ़ीयाँ चढ़ता है;

वहाँ है वो विदुषी, प्रेम वीहीन रमणी, वो गीली बेटीयाँ, और वो ज़ँजीरों में बँधी हुई औरत का सर;

वहाँ है वो प्यासा ऊँट, चारागाह तक पहुँचने के लिए सँघर्ष करता हुअ ऊँट, और वो स्वँतन्त्रा से चारा खाता हुआ ऊँट;

वहाँ है वो काँटो का ताज या वो ताज जो बैकस ने दिया था विवाह उपहार–स्वरूप अरियादने को;

देखो: वो घोडे की नाभी, शेर का कलेजा, भालू का गुप्तॉग, और रोहनी नामक लाल हिरनी जो सत्ताईस पत्नीयों वाले चाँद की एकलौती प्रेमिका है;

वहाँ है सीमा पार घुसपैठ का उद्घोषक, वो जलज शिशु, ईटों का ढ़ेर, आध्यात्मिक प्रसन्नता लिये शवों का ढ़ेर, वो सबसे सूक्ष्म, वो सूखा तालाब, वो कोयेले की बोरीयाँ;

वो ईसा मसीह के तीन अभीभावक, वो चमात्कारों का मीनार, वो पलटी हुई कुर्सी;

वहाँ है गोधुली से उत्पन्न धुलों का बादल और वो गर्म साँसे उस हाथी की जो धरती को घेरने वाले सागर में सोता है, और वो मटमेला पानी जो मथा गया है एक कछुऐ के आकाश को तैर कर पार करने से;

वहाँ है वो अधुरा गोला जो है एक टूटी तश्तरी, या एक लौटने वाला टेढ़ा तीर, या वो खुली गुफा का मुँह जहाँ महान रीछ सोता है;

वहाँ है वो दो गधे जिनके कर्कश आवाज़ ने दानवों को डरा कर भगाया और जिसके पुरस्कार स्वरूप उन्हे आकाश में स्थान मिला;

वहाँ है हज़ारो रँगों वाला सितारा, वो न्याय का हाथ, वो सरल और समतल रास्ता;

वहाँ दुगुना दोहरा है;

वहाँ है कारवाँ सराय;

वहाँ है शाही छत्री;

वहाँ गरेडिये का झोपडा और वहाँ गिद्ध;

देखो: वो अनाज फटकने वाला सूप;

वहाँ है वो सिमटता हुआ;

वहाँ है वो ईश्वर का दरबार;

वहॉ है बटेर का आग;

वहॉ संत पीटर का जहाज जो समुद्र का है सितारा;

वहॉः देखोः उपर वहॉः सितारें।

Ngā Whetū: he aha rawa ngā whetū?

he maramara tio e whakaata ana i te rā;
he rama kōteretere i runga i te mata o ngā wai kei runga rawa atu kei te tuanui pūataata o te rangi;
he whao kua oti te titi ki te rangi;
he kōwhao kei te ārai nui i waenga i a tātou me te moana mārama;
he kōwhao kei te anga mārō e whakaruru nei i a tātou i te ahi nui kei tua;
he tamāhine nā te rā;
ko rātou ngā karere o ngā atua;
he rite te āhua ki te wira, he haukūtanga nō te hau, he mura ahi e rarā ana i ngā puta i waenganui i ngā titi;
noho ai rātou i ō rātou tūru iti;
he mea tītaritari i te tinana o te rangi;
hei hoa takatāpui e kawe kupu nei ki te ipo;
he ngota moroiti e takataka ana i te kore, e rīraparapa nei tētahi ki tētahi;
ko rātou ngā wairua o ngā kōhungahunga kua mate, kua huri hei putiputi ki te rangi;
he manu kua wera katoa ngā huruhuru i te ahi;
ka aitia e rātou ngā whaea o ngā tāngata nunui;
ko te hā wheriko rātou o te hā o ngā wairua, i mahia ki ngā
parapara o te hanganga o te rā me te marama;
hei tohu mō te pakanga, mō te mate me te kore-kai, mō te tokotoko
rangi, mō ngā tau kai me ngā tau ruru, me te whānautanga o ngā kīngi;
whakahaere ai rātou i te utu o te tote, o te ika;
ko rātou ngā purapura o ngā mea ora katoa o te ao;
ko rātou te kāhui o te marama, he mea tītaritari i te rangi pēnei i te hipi i te rao-rao, arahina ai rātou e ia ki ngā tarutaru hou;
he poi tioata, hei te koringa kua puta te rangi waiata i te rangi;
kua oti rātou te titi ki te rangi, ko tātou kei te oreore;
kua oti tātou te titi ki te rangi, ko rātou kē kei te oreore;
he kaipatu kekeno rātou kua ngaro i te huarahi;
ko rātou ngā tapuwae o Wihinu, e takahi nei i ngā pārae o te rangi;
ko rātou ngā rama whakamārama i ngā whare nohonga o ngā wairua;
he rerekē te rahi o tēnā whetū, o tēnā whetū;
he kānara i tahuna i te tangihanga, ā, ki te moe iho te tangata
mō ngā whetū, he moemoeā tērā o te mate;
ko ngā taonga o roto, rite tonu ki ngā mea katoa, e whā rawa:
he iraoho, he iramoe, he irahiko, he niutirino;

he rite tonu te rahi o tēnā whetū, o tēnā whetu, engari he tūtata ake ētahi ki a tātou;

ko rātou ka tauwhāinga anō mā roto i ngā kahanga e whā:

te tō ā-papa, te aukumetanga ā-hiko, ngā kahanga karihi pakari me ngā kahanga karihi ngoikore;

ko rātou anake ngā atua, ā, ko te rā te tino ariki o rātou;

ko rātou ngā kaiwhai i te moa, ka haere ki te whakangau moa i te roanga o te pō,
ā, hei te ata noho ai rātou i te taha o te rā kia mahana ai, koia rātou e kore ai e kitea;

takataka ai te tōmairangi me te huka mai i ngā whetū;

ko ngā hau, ahakoa mahana, ahakoa mātao, i ahu mai i ngā whetū;

ngahoro ai ngā whetū i te rangi ki ngā turi o tētahi tamāhine;

ko ngā whetū ngā ngārahu o te ahi i whānau mai ai te ao katoa;

haere tonu kāore rawa e rerekē;

ko rātou ngā tēneti teatea e noho ana te Iwi Noho Whetū i roto;

ko rātou ngā karu tinitini o Waruna, e eke nei i ngā huarahi o te rangi i runga i a Makara, he manu tētahi haurua o tōna tinana,
he ngārara tētahi, he haurua rānei o tōna tinana he anaterope, he ika tētahi;

kāore e mutu te rerekē haere;

me tāpae whakahere rawa te tangata kia maringi ai te ua i a rātou;

ko rātou te iwi Whatungarongaro Kore,
e horomi nei i ngā manu e kai nei i te hua o te Rākau Noho Ora Tonu e tupu ana
i te moutere i waenganui i te Roto o te Kārearea Kākāriki,

e kanapa ana, e wheriko ana, e tīaho ana, e hikohiko ana;

he whakamanawareka rātou;

he tohu aituā;

he karu rātou nō Tahi, i makaina ai e Toro ki te rangi;

ko rātou ngā pōpokorua mā i te puke pōpokorua i waihangatia huri noa i te Tāwa ngāoko kore, e mōteatea nei i te ngahere mō ake tonu atu;

ko rātou tētahi momo tīhi nō te rangi kua hurihia hei māramatanga;

arā rātou e noho iho ana, kāore he whakamārama;

he māra tino nui ngā whetū, ki te kore tātou e ora roa kia kite tātou i te whakatōkanga, i te pihinga, i ngā rau matomato, i te whai hua, i te memengetanga, me te kūwhewhewhewhetanga, te pirautanga, i te tini o ngā whetū, ka kitea katoatia ēnei whakareanga whetū kei mua i a tātou;
ko tātou me ngā whetū katoa he ngota kotahi i tētahi huinga mutunga kore:

he tiringa moutere ki te rangi;

he kāmaka mira e takataka ana, ko ngā whetū he rite ki te pōpokorua
e takatakahi ana whaka te wāhi e tīmata ana te huri;

he rite te rangi ki te ārai o tētahi kōti, ko ngā whetū he rite ki te rei puta ka tōia
haeretia i roto;
he poi mārō tonu te rangi, ā, ko ngā whetū te hana o ngā maunga
hū e pupuha ana i runga i a ia;
he pounamu kahurangi ngā whetū, he mea kōtingotingo ki te
paearaiti, koia ēnei ngā whetū;
he ingoa tonu tō tēnā whetū, tō tēnā whetū, ā, he ingoa tapu tonu;
heoi anō nei te kōrero heke mai i a rātou ko tō rātou māramatanga;
kore rawa te tangata e mōhio, i te kaha o ō ratou whakaaro, ki mua ki muri katoa
o ngā whetū;
kia noho koe i raro i ngā whetū i te pō mārama, ka kōrerotia e
te mana tapu o te māramatanga tōna reo, he reo kore ingoa;
ka turuturu iho te pai me te aroha i a rātou;
mehemea kei roto tātou i tētahi huinga whetū e noho ana, kore tonu tātou e kite i
te whetū kotahi;
mehemea kāore i pēnei rawa te kaha-kore o te tō ā-papa, pēnei kua
iti iho ngā whetū, mehemea he iti iho ngā whetū e kore e tino roa rawa
te kānga, mehemea he poto noa te mura o ngā whetū, kua kore ake tātou
i konei;
kāore he hāponotanga, he aha rerekē e pā ana ki a rātou, kāore he
koringa tapepe, he koringa take kore rānei;
turuturu iho ai a Kino rāua ko Aituā i a rātou;
kāore te hinengaro e whakaae kei reira rātou;
nā te tini mutunga ka huri tātou ki te tatau i a rātou;
ko te hangarite me te hīkoi torotika o ngā whetū he
tohu nō waho o te whakapono, hei tohu mō te hinengaro o te atua kei roto i a rātou;
ka rongo te tangata i te ngunguru kore o ēnei takiwā ā, ka mataku;
kua piki tō tātou mōhio ki te ao nui engari kāore e kitea atu
te take i tū ai ia;
ka korikori katoa ngā whetū, ka hikohiko hoki kia tino
tupu ai rātou ki tō rātou teitei – tā te mārama, he whakamārama, koia
tērā tōna āhua;
mehemea kei te mōhio koe ki ngā whetū ka mōhio koe ki te hunga tautitotito;
mehemea kāore ngā whetū i whakaatu i te mārama kua pakō;
tā te wairua mahi i muri i te matenga he noho i roto i ngā whetū – ka muramura
ake tētahi whetū hou, he tohu kua tae atu te wairua o te tangata nui, o te wahine nui,
ki tōna kāinga tūturu;
kei te kupu 'disaster' ka kitea tōna hōhonutanga, he aituā 'nā te whetū i waitohu';

heoi anō nei te whakamārama mō te tini o ngā whetū kei te rangi
kāore i kitea, koirā ngā whetū i hangaia e te Ariki mō ētahi atu iwi o whetū kē, hei
mīharotanga tata i ō rātou ao;
ko tātou kei waenganui pū o te ao kikokiko, engari kei ngā
tahataha o te ao wairua, kua oti te whakarite me noho mārika tātou ki te mātakitaki i
ngā kanikani o te rangi mai i tawhiti;
he rerekē te tangata i ētahi atu kararehe, he mea āta hanga kia
tū tika kia pai ai tāna mātai whetū;
kei reira a Kīngi Āta, e tatari ana kia karanga
a Ingarangi kia hoki ia hei kīngi;
Kei reira a Kuei, te tohunga ruanuku, he weriweri nei te kanohi;
kei runga ake rā te Moenga Kōhungahunga, te Pūkohu, te Pūkohu
Iti, te Whare Pī;
titiro: ira te Taumaihi o Pāpera me te Koanga o ngā Tēneti;
kei runga rā ngā kaiwhānako o te huarahi, me ngā kūkupa
e hari nei i te waihonga ki ngā atua, me ngā kaieke hōiho e rua o te haeata;
kei runga rā hoki te tamāhine o te hau, e tangi tīkapa nei mō tana tāne
i mate i te moana;
kei reira te Awa Pakari, kei reira hoki te Whare Rangatira o ngā Ariki
e Rima, te Whare o ngā Kurī Auau, te Huarahi Kakau Witi, te Huanui
o ngā Manu, te Awa Nakahi o te Puehu Kōritorito;
kei runga rawa ngā wāhine tūrehu
e tangi tonu nei ki te tungāne, ki a Haiahi, i mate i te poaka toa o te ngahere, ko ō
rātou roimata ngā whetū kōkiri;
arā ngā Taumaihi o Potukara e Whitu, te Moana Koropupū, te Wāhi e Tuohu ai te tangata;
titiro: ngā Moa e Wehe atu ana, me ngā Moa e Hoki mai ana,
ā, he hoa ēnei moa e rua;
Ko Kahiopeia, te Kuini o Etiopia, i pōhēhē he ātaahua
kē atu ia i ngā Nereita, me tana tamāhine ūā ana nei,
ko Anateramita, me Pāhiaha nāna ia i whakarauora me
te mātenga o Metuha e tāwēwē ana i tana tātua, me te taniwha
i patua ai e ia, me te hōiho whai parirau e Pekahuhi i ekea ai e ia;
arā hoki te pūru e parau nei i te Wakawaka o te Rangi;
kei runga ake rā te Ringa i Whakapoaina ki te Hena,
te Roto o te Pūrenatanga, te Piriti Wātea, te X o Ihipa;
i reira i tētahi wā te kōtiro nāna i moe tētahi pea
ā, nā te mōrikarika o taua mahi ki te titiro a te pāpā me ngā tungāne, ka patua te

pea, ka huri te kōtiro ki te āhua o te pea, ka patua e ia ōna
mātua, ka whāia e ia ōna tungāne ki wiwi ki wawa ki roto i ngā maunga, mā roto i
ngā manga wai, ka āia ki roto i tētahi rākau, kia whakaperehia e te pōtiki tāna pewa
ki runga rawa, ka mau ngā tuākana tēnā ki tōna pere, tēnā ki tōna pere, ka perea atu
ki te rangi, ka huri hei whetū i reira;
kei runga rā;
kei runga rā te Toa o te Pūtia, te Tūru Ngāwari, te Pereti Pakaru, te
Merengi Pirau, te Rama o te Rangi;
a Hanihi te kaiārahi wākena, nāna a Ihu Karaiti i kawe, me te
raiona i taka iho i te marama hei mata kōkiri;
kei runga rā, ia tau, ia tau, kotahi te huinga makipai, tekau mano rātou
i te hui hei piriti, kia taea ai e te Kōhine Whatu Kākahu te Awa Mārama te whakawhiti
kia pai ai tana tūtaki ki te Tama Tiaki Kau;
arā ngā makawe o Kuini Perenihi, i whiua ai e ia ana makawe kia kore ai e raru
tana tāne;
kei runga rā tetahi kaipuke kore tonu
nei e tae ki te wahapū, me te Kaikōhimuhimu, te Tangata e Tangi ana,
te Kaiwhakamārama i Te Tāone Nui Rawa, ehara:
te Tianara o te Hau; kei reira te Ariki a Mu Wanga
me tana kaieke hāriata a Tao Whu, i haere atu ai rāua ki te rapurapu i ngā pītiti o
Paratiho ki te Uru;
te wahine ātaahua nei a Karihitio, i whakaotingia kia mate rawa i te pūhaehae o
Hunau, me te atua wahine a Marihī, e āki nei i tana hāriata,
he mea tō e ngā poaka toa huri noa i te rangi;
arā te Nanekoti o te Moana, te Arewhana o Tenemaka, te Mangō Kikorangi Roa e
Kai nei i ngā Kapua, me te Nakahi Kōiwi mā;
kei runga ake rā a Tiotōhiaha i huri ai hei whetū, ā, kei reira
te upoko o Hoani Pāpita i huri ai hei whetū, me te hā o Rī Pō, he whetū
e tīaho nei ana rārangi kupu;
e rua rawa ngā kēti, he kēti tētahi e heke atu ai ngā wairua kia rite ai te
wā hei kuhu mai ki ngā tinana tangata, he kēti tētahi e piki atu
ai aua wairua ina mate rawa te tangata;
arā te puma e tarapeke ana ki runga i tētahi kararehe hei kai māna, me
te Tarakona Kōwhai e piki nei i ngā Hīkoikoi ki te Rangi;
kei runga rā hoki te Wāhine Pānui Pukapuka,
te Wahine Makariri, ngā Tamāhine Mākūkū, te Upoko o te Wahine i herea ki ōna
Mekameka;
arā te Kāmera Hiainu, te Kāmera e Whakariaka nei kia tae ia ki ngā

Otaota, me te Kāmera e Kai noa ana i ngā Otaota;

arā te Karauna Tātaramoa, te Karauna rānei nā Paakahi i hoatu ki a Ariatini hei whakapākūhā;

titiro: te Pito o te Hōiho, te Ate o te Raiona, Ngā Raho o te Pea;

arā a Rōni, te Tia Whero, nā tana ātaahua rawa i huri ai te marama ki te whai i a ia anake, ahakoa e rua tekau mā whitu ana wāhine;

kei runga rā te Kaipānui o te Whakaekenga mai i tērā Rohe, te Tamaiti o ngā Wai, te Pūranga Pereki, te Harikoa o te Haupūtanga Tūpāpaku, te Moroiti Namunamu, te Roto Maroke, ngā Haki Waro, ngā Kaitiaki e Toru o te Uri Ariki meake ka Tohingia, te Taumaihi o Te Mīharo, te Tūru i Huripokina;

kei reira te kapua puehu i tutū ai i te waewae ōkiha, kei reira te hā pūmāhu o te arewhana e takoto ana i roto i ngā wai e karapoti nei i te ao, me te wai ehu i kōrorihia e tētahi honu e kautere ana i te rangi;

kei reira te porohita pakaru e mōhiotia ana he pereti hawa, he pumarangi rānei, te waha nō te ana kei reira te Pea Nui e moe ana;

kei reira ngā kaihe e rua i pērā rawa te tētere o te hihā ka mataku ngā māeroero, ka whakawhiwhia ki tētahi tūranga toitū i te rangi;

arā te Whetū he Mano ōna nei Tae, te Ringa Tatau i te Tika, te Huarahi Pīnanaki, te Huarahi Mahea;

rā te Tokorua Tokorua;

arā te Pāparakauta i te Taha Huarahi;

arā te Hamarara Kāwanatanga;

arā te Wharau o te Hēpara, arā te Manu Kai Kiko;

titiro: Te Kōwhiuwhiu kōmirimiri; te Taonga e Whakahiato ana;

arā te Kooti o te Atua;

arā te Ahi o te Koitareke;

arā te Kaipuke o Hato Petera me te Whetū o te Moana;

Ira: titiro: ki runga: ko ngā whetū.

星　とは何か

太陽を反射する氷の塊である
透明な半球の彼方の大洋に浮かぶ光である
空に釘打たれた釘である
われらと光の海の間の偉大な幔幕にできた穴である
かなたの煉獄からわれらを護る堅い貝殻にできた穴である
太陽の娘たちである
神々の使いである
車輪のような形をし輻の透き間を
轟々と燃えゆく炎を持つ空気の凝縮である
小さな椅子に座る
空一杯に鏤めてある
恋人たちのためのお使いをする
虚空を落下し互いにもつれあう原子で
できている
空で花になった死児の魂である
羽根に火のついた小鳥たちである
偉大な男の母たちを孕ませる
太陽と月の創造から余った残滓で作られた
言霊の光る集中物である
戦争と死と飢饉と疫病と豊作不作と王の誕生を
予兆する
塩と魚の価格を統制する
地上生き物全ての種子である
牧場の羊のように空一杯に散らばった群れであり
月が放牧場に連れて行く
水晶の球体でありその動きは空に音楽を創る
固定されており動いている
われらは固定されており動いている
生活方法を見失った海豹猟りである
空を闊歩し渡るビシュニュの足跡である
妖精の住む宮殿の灯りである
さまざまに大きさが異なる
葬式の蝋燭であり　それを夢に見ることは死を夢に見ることである
全ての物質と同じく四種の物質から成っている
陽子　中性子　電子　中性微子がそれだ

全て同じ大きさだがいくつかはわれらに近い
四つの力で相互に作用をする　重力
電磁気　強弱の核力がそれだ
唯一の神々であり太陽はその長である
夜中出ている駝鳥猟りであり、夜明けに暖かくなろうと太陽の近
くに身を寄せ合うから、見ることができない
夜通し出ている駝鳥猟りであり
夜明けに暖かくなろうと太陽の近くに身を寄せ合う
だから君には見ることができない
露と霜は星から落ちてくる
風は暖かいのも冷たいのも星からやってくる
星は天から乙女の膝に落ちてくる
創造の火の燃えさしである
決して変化することがない
星人の住む
白い天幕である
半分鳥　半分鰐　もしくは半分羚羊　半分魚の
マカラに乗って空を駆けるヴァルナの
無数の目である
絶えざる変化の状態にある
雨をもたらすため生け贄をしなければならない
緑なる隼の湖の島に生える
仙樹の実を食う燕の形をした
消えることなきものである
光り　瞬き　輝き　閃く
喜ばしい
悪の予兆である
トールに空に投げ上げられたスジャッセの目である
森深く久遠を求めて瞑想する不動のデュルバの周りに建った
蟻塚の中の白蟻である
攪拌されて光の中に出てくる一種の天体のチーズである
在る　単に在る
星は巨きな庭であって　もしわれらが
その萌芽と開花と群葉と豊穣と明滅と退化と腐敗とを
目で確かめるほど長生きしなくとも
種類はきわめて多く全ての段階がわれらが目前にある

われらとわれらが見る全ての星は無限のアンサンブルたる
宇宙列島の中の一つの原子にすぎない
空はぐるぐる回る挽き臼のようで
星はその上を反対方向に歩く蟻のようである
空は牛車の天蓋のようで
星はその上に懸けた数珠である
空は固い球であり星は
その上の火山の恒常的照明である
空は星たる黄鉄鉱を散りばめた
固い瑠璃である
星はそれぞれ名前と秘密の名前を持っている
われらがそれらから聞く唯一の言葉はその光である
人間はその概念の中に星々の全てを包含することは決してない
晴れた星空の下で　知力の隠れた力は
名前なき言葉を話す
善と愛とはそこから流れ落ちる
もしわれらが銀河の中に位置していなければ星を見ることは決してあるまい
仮に重力がかほども弱くなければ星はもっと小さく
仮に星がもっと小さければかほど長く燃えることはなく
仮にかほど長く燃えることがなければ
われらはここに居まい
偶発的或は無作為的要素　不規則或は無意味な動きはない
悪と不運とはそれらから流れ落ちる
その存在は蓋然性がない
その無限性はわれらをしてそれを数えせしめる
その素晴らしき規則性は信じがたく
それらのうちに棲む神の知性の証左である
それら無限の空間の永遠の沈黙は空恐ろしい
宇宙は把握が可能になればなるほど
それだけまた無意味に見える
星は全て最も十分に自分自身であるために
動き光る—光が光を与えるのは
それがその本性だからである
星を幾分でも知ることは詩人たちの理解の基本である
星はもし光を放たなければ爆発するだろう
魂は死後星に住み着く——新星の輝きは従って

偉大なる男性または女性の魂がその行き先に到着したことを
示すのかもしれない
「災」は「盛んに燃える火」の意味である
われらに見えない星がかほども多い唯一の説明は
神がもっと遠くの生き物たちにもっと近距離で瞠目できるように
それらを造りたもうたためである
われらは物質的宇宙の中心だが
精神的宇宙の周辺におり　天体の舞踊の光景を
遠くから眺める運命にある
他の動物たちと違って人間がまっすぐ立つことができるよう造られたのは
星を眺めることのできるようにするためである
アーサー王はあそこに居て　再び英国を支配するための帰還を待っている
醜い顔で生まれた抜群の学者魁星はあそこに居る
あそこには飼葉桶や霧や小雲や蜂の巣がいる
見よ　バベルの塔と天幕の言祝ぎを
あそこには追剥ぎと神々に神饌をもたらす鳩と
昧爽の双子の騎手がいる
あそこには海で失われた夫を嘆く風の娘がいる
強河があり　五帝宮
吠え犬の小屋　藁道　鳥の道
光塵の蛇川がある
あそこには猪に殺された弟ハイアスを嘆く妖精がいて
その涙は流れ星である
ポルトガルの七つの塔と滾る海と
叩頭する場がある
見よ　行く駝鳥と返る駝鳥と
友達の二人の駝鳥を
カシオペア　自分をネレイスより美しいと思ったエチオピア女王が
そこにおり　その幸なき娘アンドロメダ
ベルトにメデューサの首を揺らしなら
が彼女を救ったペルセウス　彼が屠った怪物セテス
彼の乗る羽根ある天馬
ペガススがいる
あそこには天の畝間を耕す雄牛がいる
あそこにはヘンナで汚れた手
満杯の湖　空っぽの橋

エジプトXがある

そしてむかし熊に結婚した少女がいてその父と兄弟たちが

これをおぞましいと思うあまり熊を殺すと

少女は自ら熊となり両親を殺し

兄弟を山を超え川を渡って追い一本の木に追いつめると

一番年下の弟が魔法の弓を高く向け兄弟は一人一人矢につかまって

あそこの空に放たれて星になった

あそこには肉屋の店があり　安楽椅子があり

割れた大皿　腐ったメロン

天の光がある

キリストを乗せてあげた御者ハンスがあそこにおり

流星の形で月から落ちてきた獅子がいる

あそこでは　年に一度　数千の鵲が橋を作り

織女が天の川を渡って牽牛に逢えるようにする

夫の安全を確保するため髪を犠牲にした

ベレニス女王の編んだ髪の毛がある

あそこには安全な港に決して着くことのない船があり

囁く者　哭き人

偉大な都市の照明者がおり　そして見よ

風将軍を

西王母の桃を求めていった

穆王と馭者造父とがそこにいる

ユノの嫉妬で命運の決まった美しいカリストと

猪の引く戦車に乗って空を馳せる摩利支天

海羊　デンマーク象　長青

雲食い鮫　白骨蛇がいる

あそこには星になったテオドシウスと星になった洗礼者ヨハネの首

李白の息すなわちその詩が輝かしいものとする星がある

双門があり　その一つは

魂が人体に入る時にそこから降り

一つは人体が死ぬ時にそこから昇る

そこではピューマが獲物に飛びかかり

黄龍が天階を昇る

あそこには文学女と不感症の乙女と湿りある娘がおり

鎖をかけられた女の首がある

喉の乾いた駱駝と　放牧地に行こうともがく駱駝がおり

自由に放牧する駱駝がいる

そこに荊の冠またはバッカスがアリアドネに

結婚祝いとしてやった冠がある

見よ　馬臍　獅子肝　熊の金玉を

赤鹿ローニがいて　あまりにも美しいため

月は二十七名の妻を持っていたにもかかわらず

彼女だけを愛した

あそこには国境進入の告知者

大洋の子供

煉瓦一積み

積み重ねた死体の鑽仰

過度に小さきもの

乾湖　　　石炭袋

相続者の三人の保護者

不思議の塔

倒れた椅子がある

あそこにはバッファローの蹴上げた塵の雲

地球を取り巻く大洋に横たわる象の蒸すような息

空を泳ぎ渡る亀の巻き返す泥水がある

あそこには欠けた皿すなわち破れた円

あるいはブーメラン　あるいは大熊座が眠る

洞穴の口がある

あそこにはその嘶きがあまりにも大仰なため巨人たちをおぞけ退散させ

褒美に空に一隅を与えられた二匹の驢馬がいる

千色の星　正義の手

平たく平坦な道がある

二倍の倍がある

そこに路傍の宿

そこに国傘

そこに牧人の小屋

そこに禿げ鷲

見よ　漉き扇を

そこに小成長

そこに神の法廷

そこに鶉の火

そこに聖ペトロの船と海の星

そこに　見よ　あそこに　星が

This book is a facsimile of The Stars, *the third project in* Contemporary Editions, *a series of limited-edition books and other printed works published by the Library Council of The Museum of Modern Art, New York*

Eliot Weinberger's text was translated from the English into Arabic by Sinan Antoon, into Chinese by Bei Dao, into Hindi by Siddharth Chowdhury, into Japanese by Hiroaki Sato, and into Maori by Piripi Walker

Edited by May Castleberry and David Frankel
Designed by Vija Celmins
Typography designed and typeset by Leslie Miller, The Grenfell Press, New York, and Atlas Translations, London
Production by Leslie Miller
Printed and bound by Trifolio, Verona, Italy, from Vija Celmins's etchings printed by Doris Simmelink and Chris Sukimoto, Simmelink/Sukimoto Editions, Kingston, New York

The paper is Tintoretto and the English-language typeface is Minion

Published by The Museum of Modern Art, 11 West 53 Street, New York, New York 10019

Distributed in the United States and Canada by D.A.P./Distributed Art Publishers, Inc., New York
Distributed outside the United States and Canada by Thames & Hudson Ltd., London

Library of Congress Control Number: 2005932403
ISBN: 0-87070-704-3

Grateful thanks are owed to the members of the Library Council of The Museum of Modern Art for generously supporting this publication, and in particular to Kathy Fuld, Chairman of the Library Council. This book could not have been realized without the support of Agnes Gund, Founding Co-chair of the Library Council; Milan Hughston, Chief of Library and Museum Archives; and Glenn D. Lowry, Director. For their ideas, support, and assistance, thanks go to James S. Bibo, of the Library Council; David Frankel, Managing Editor, Marc Sapir, Production Director, and Lawrence Allen, Publications Manager, Department of Publications; Kathleen Tunney, Assistant to the Library and Museum Archives; and the International Council of The Museum of Modern Art, which provided essential funds for travel. Outside the Museum, the same appreciative acknowledgment goes to Ted Muehling.

Printed in Italy